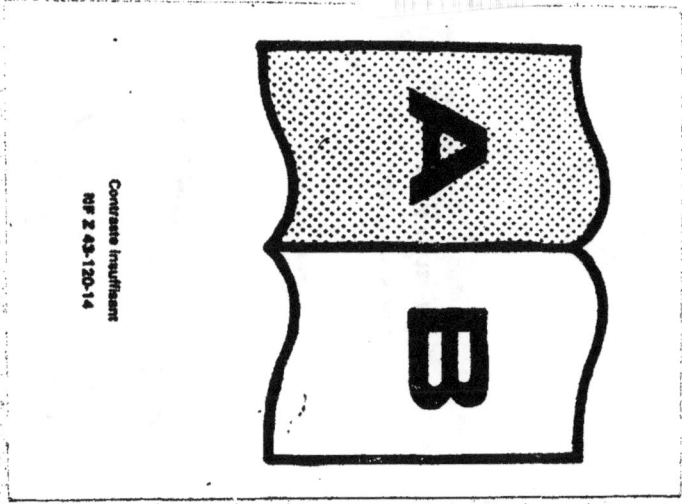

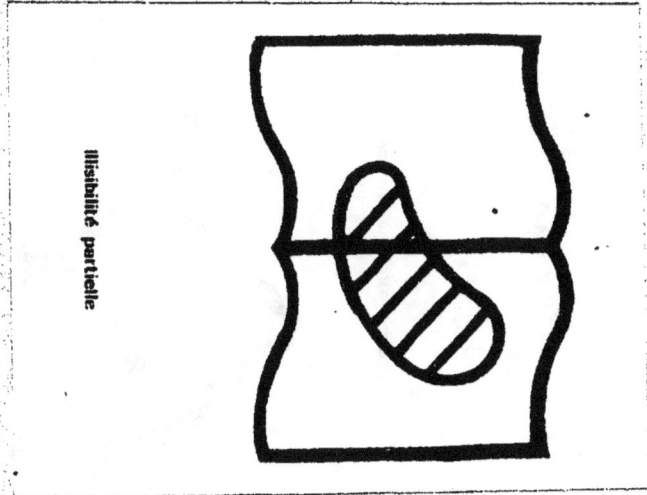

Original en couleur

NF Z 43-120-8

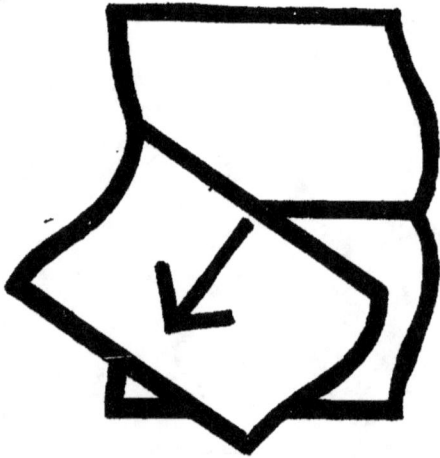

Couverture inférieure manquante

L'INSTITUT DE FRANCE

ET

LES ANCIENNES ACADÉMIES

PAR

M. LÉON AUCOC

MEMBRE DE L'INSTITUT

PARIS

LIBRAIRIE PLON

E. PLON, NOURRIT ET Cie, IMPRIMEURS-ÉDITEURS

RUE GARANCIÈRE, 10

1889

Tous droits réservés

L'INSTITUT DE FRANCE

ET

LES ANCIENNES ACADÉMIES

L'auteur et les éditeurs déclarent réserver leurs droits de traduction et de reproduction à l'étranger.

Cet ouvrage a été déposé au ministère de l'intérieur (section de la librairie) en avril 1889.

PARIS. — TYPOGRAPHIE DE E. PLON, NOURRIT ET Cⁱᵉ, RUE GARANCIÈRE, 8.

L'INSTITUT DE FRANCE

ET

LES ANCIENNES ACADÉMIES

PAR

M. LÉON AUCOC

MEMBRE DE L'INSTITUT

PARIS

LIBRAIRIE PLON

E. PLON, NOURRIT et Cⁱᵉ, IMPRIMEURS-ÉDITEURS

RUE GARANCIÈRE, 10

—

1889

L'INSTITUT DE FRANCE

ET

LES ANCIENNES ACADÉMIES[1]

On n'a jamais étudié l'histoire administrative et judiciaire de la France depuis cent ans, sans remarquer qu'un certain nombre d'institutions antérieures à 1789, supprimées dans les premiers temps de la Révolution, ont reparu sous le Consulat et sous l'Empire, et qu'elles se sont maintenues jusqu'ici, non sans être discutées ou modifiées, mais sans avoir subi de transformations radicales. On l'a signalé pour le Conseil d'État, pour les préfets, pour les administrations des contributions directes et indirectes, pour les cours d'appel, dans lesquels on retrouve, avec des différences plus ou moins importantes, le Conseil d'État d'avant 1789, les intendants des généralités, les cadres des anciennes régies financières et les Parlements.

[1] Cette étude a été lue, en grande partie, devant l'Institut dans sa séance trimestrielle du 3 avril 1889. Elle se rattache à la publication d'une *Collection des lois, statuts et règlements concernant les anciennes Académies et l'Institut de France*, depuis 1635 jusqu'à 1889, dont la commission administrative centrale nous a fait l'honneur de nous charger.

M. de Tocqueville a écrit, à la première page de son livre sur l'*Ancien Régime et la Révolution :* « Les Français ont fait en 1789 le plus grand effort auquel se soit jamais livré aucun peuple, afin de couper pour ainsi dire en deux leur destinée, et de séparer par un abîme ce qu'ils avaient été jusque-là de ce qu'ils voulaient être désormais. » Il ajoute immédiatement qu'ils n'ont pas réussi dans cette singulière entreprise. « La Révolution, dit-il, a eu deux phases bien distinctes : la première, pendant laquelle les Français semblent vouloir tout abolir dans le passé ; la seconde, où ils vont reprendre une partie de ce qu'ils y avaient laissé[1]. »

Ces retours au passé, et nous ne parlons que de retours partiels, comme ceux auxquels nous faisions allusion tout à l'heure, étaient légitimes, souvent nécessaires, toujours utiles. L'expérience faite depuis près d'un siècle le démontre d'une manière éclatante. Si la mesure a été dépassée, sur certains points, au moment de la réaction, la responsabilité n'en peut-elle pas être imputée pour une partie à ceux qui, se laissant aller à leurs passions et à leurs illusions, ont, pour affaiblir la royauté, désorganisé le gouvernement, l'administration et la justice et ont amené, par ces mesures imprudentes, un tel désordre et une telle anarchie que le pays, en désarroi, a dû accepter, à tout prix, les moyens qui paraissaient les plus sûrs pour rétablir promptement l'ordre et les finances.

La destruction et le rétablissement des institutions anté-

---

[1] *L'Ancien Régime et la Révolution,* Avant-propos, p. i et vi.

rieurés à 1789 se sont étendus aux Académies fondées au dix-septième siècle sous le patronage du cardinal de Richelieu, du chancelier Séguier, de Colbert et de Pontchartrain. Mais il faut signaler ici des circonstances exceptionnelles. La destruction a été la dernière; le rétablissement a été le premier. C'est la Convention qui, le 8 août 1793, a supprimé « toutes les Académies et sociétés littéraires patentées ou dotées par la nation » ; c'est aussi la Convention qui, au moment de terminer son orageuse existence, a voté la constitution du 5 fructidor an III (22 août 1795), dont l'article 298 posait le principe de la création d'un Institut national « chargé de perfectionner les arts et les sciences », et la loi du 3 brumaire an IV (25 octobre 1795) sur l'instruction publique, dont le titre IV organisait l'Institut.

Le revirement est aussi accentué qu'il est rapide. Rien de plus violent que les griefs accumulés contre les Académies dans le rapport de Grégoire qui a préparé la loi de 1793, et dans le discours de David qui a jeté l'anathème sur ces sociétés. Rien de plus lyrique et de plus enthousiaste que les discours dans lesquels Boissy d'Anglas et Daunou célèbrent les mérites et la gloire future de l'Institut national, qui groupe, dans de nouvelles conditions, les savants, les hommes de lettres et les artistes. Rien de plus respectueux pour le principe même des sociétés académiques organisées et patronnées par le gouvernement que le langage du ministre de l'intérieur du Directoire, Bénezech, quand il installe les premiers membres de l'Institut dans les salles du Louvre, où siégeaient deux ans auparavant les membres des Académies supprimées.

1.

Lorsqu'en 1803, Chaptal propose au gouvernement consulaire de remanier l'organisation de l'Institut et de rétablir les quatre Académies anciennes, « avec le titre qui les distinguait et auquel était attaché plus d'un siècle de gloire », tout en maintenant l'unité de l'Institut, l'idée est acceptée, quoi qu'on en ait dit, par Napoléon, qui renvoie le projet au Conseil d'État. Le Conseil d'État n'a pas cru devoir approuver les mots, mais il a approuvé le fond de la proposition, et les anciennes institutions ont été rétablies sous les nouveaux noms. En réalité, le principe était posé depuis 1795, et l'on n'avait plus à discuter que sur des détails d'application.

L'ordonnance de 1816, dans son préambule, cherche à accentuer la restauration qu'elle apporte ; mais elle n'en donne pas moins aux différentes Académies, qui sont rétablies cette fois avec leurs anciens noms, l'organisation et les règlements des classes de l'Institut auxquelles elles correspondaient.

Les liens des anciennes institutions avec les nouvelles sont assurément plus resserrés en 1803 et en 1816 qu'en 1795 ; mais ils existent dès le premier jour, et l'abîme creusé en 1793 entre le présent et le passé, pour reprendre le mot de M. de Tocqueville, a été rapidement comblé.

Nous voudrions insister sur ce point en apportant des documents dont plusieurs sont inédits, dont quelques autres sont peu connus, parce que le *Moniteur* ne les a pas reproduits, et que nous avons trouvés dans les collections de la Chambre des députés, dans les archives de l'Institut et aux Archives nationales. Assurément l'histoire de la destruction des anciennes Académies et de l'organisation de l'Institut a été faite, et bien faite. Il serait superflu ou téméraire d'y revenir après M. Maury, M. Joseph Bertrand, M. Jules Simon et M. Paul Mesnard, si nous n'avions à apporter que le récit des faits et nos appréciations[1]. Mais il nous semble intéressant de faire entendre les auteurs mêmes de ces réformes, de montrer comment, au milieu de ces crises politiques, ils justifient leurs résolutions, comment ils se combattent, se réfutent et se contredisent. C'est à la fois une étude d'histoire et une étude du cœur humain.

I

Parmi les sociétés littéraires, scientifiques et artistiques qui avaient été fondées ou dotées par la royauté et sur le sort desquelles les Assemblées de la Révolution avaient à se prononcer, celles auxquelles se rattache l'Institut de France étaient l'Académie française, l'Académie des inscriptions et belles-lettres, l'Académie des sciences, puis l'Académie de peinture et de sculpture et l'Académie d'ar-

[1] Alfred MAURY, L'Ancienne Académie des sciences; — L'Ancienne Académie des inscriptions et belles-lettres. — Joseph BERTRAND, L'Académie des sciences et les Académiciens, de 1666 à 1793. — Jules SIMON, Une Académie sous le Directoire. — Paul MESNARD, Histoire de l'Académie française depuis sa fondation jusqu'en 1830.

chitecture. Nous les nommons en suivant l'ordre que la royauté leur assignait elle-même dans les actes officiels qui les concernent. Elle tenait compte, pour l'Académie française, de la date des lettres patentes du mois de janvier 1635 qui l'ont créée ; pour l'Académie des inscriptions et médailles, transformée en Académie des inscriptions et belles-lettres à partir de 1716, et pour l'Académie des sciences, du jour où Colbert avait commencé à réunir régulièrement dans sa bibliothèque ou dans la Bibliothèque du Roi, contiguë alors à son hôtel, les premiers membres de ces deux Académies, en 1663 pour la première, en 1666 pour la seconde. Louis XIV constate expressément l'approbation qu'il avait donnée aux mesures prises par Colbert sans acte officiel, dans le préambule des lettres patentes de février 1713, par lesquelles il confirme l'institution de ces deux Académies, leurs statuts et règlements et leur installation au Louvre. Nous allons entendre les orateurs et les ministres de la Révolution ; il est juste de laisser un instant la parole à la royauté, qui rappelle en quelques mots ses créations.

« Le soin des lettres et des beaux-arts ayant toujours contribué à la splendeur des États, le feu Roi, notre très honoré seigneur et père, ordonna en 1635 l'établissement de l'Académie française, pour porter la langue, l'éloquence et la poésie au point de perfection où elles sont enfin parvenues sous notre règne. Nous choisîmes en 1663, parmi ceux qui composaient cette Académie, un petit nombre de savants, les plus versés dans la connaissance de l'histoire et de l'antiquité, pour travailler aux inscriptions, aux devises, aux médailles, et pour répandre, sur tous les monuments de ce genre, le goût et la noble simplicité qui en font le prix. Tournant ensuite plus particulièrement nos vues du côté des sciences et des arts, nous formâmes en 1666 une Académie des sciences composée des personnes les plus habiles dans toutes les parties des mathématiques et de la physique, et en 1667 nous fîmes construire le fameux édifice de l'Observatoire, où ceux d'entre eux qui s'appliquent à l'astronomie ont déjà fait de si célèbres et de si utiles découvertes. Ces deux Académies, assemblées par notre protection et soutenues par des bienfaits que la difficulté des temps n'a jamais interrompus, remplirent si dignement nos espérances que, quand la paix de Ryswick eut rendu le calme à l'Europe, nous songeâmes à leur donner un témoignage authentique de notre satisfaction; nous leur accordâmes des règlemens signés de notre main, pour déterminer l'objet, l'ordre et la forme de leurs exercices et, par une distinction encore plus singulière, nous voulûmes que leurs conférences se tinssent au Louvre. L'estime et la réputation que ces compagnies ont acquises depuis ce temps-là nous engagent de plus en plus à donner une forme stable et solide à des ~blissemens si avantageux.... »

L'Académie de peinture et de sculpture et l'Académie d'architecture passaient après les autres. Les lettres patentes approuvant et confirmant les statuts de l'Académie de peinture et de sculpture dataient pourtant du mois de février 1648. Mais l'édit de février 1717, qui confirme l'Académie d'architecture établie en 1671 et approuve ses statuts, constate expressément, en rappelant la série des fondations de Louis XIII et de Louis XIV, la préséance donnée aux trois Académies littéraires et scientifiques. Cette tradition s'était si bien conservée parmi les hommes de l'ancien régime, qu'à l'époque où le gouvernement de la Restauration fit, en 1815, le premier projet de réorganisation de l'Institut dont les Cent-jours ont empêché la promulgation, l'Académie française, l'Académie des inscriptions et belles-lettres et l'Académie des sciences devaient seules faire partie de l'Institut. La classe des beaux-arts en était détachée et était remplacée par l'Académie de peinture et de sculpture et par l'Académie d'architecture. On devait en outre rattacher la section de musique au Conservatoire.

Ce serait sortir de notre cadre que de rappeler ici l'origine des Académies, les travaux qu'elles ont produits, les hommes qui les ont illustrées, l'influence qu'elles ont exercée, les transformations par lesquelles elles ont passé. Les ouvrages que nous avons déjà cités, bien d'autres encore, ont accompli cette tâche.

Mais avant de parler de leur suppression, il faut résumer leur organisation et faire voir comment elle pouvait prêter le flanc à la critique.

Les règlements de toutes les Académies, arrêtés au dix-septième siècle ou dans les premières années du dix-huitième, avaient tous été remaniés dans la seconde moitié du dix-huitième siècle, la plupart à la veille de la révolution de 1789. En se modifiant, ces règlements ne s'étaient généralement pas simplifiés.

L'Académie française seule avait une organisation qui peut s'expliquer en quelques mots. Elle se composait de quarante membres, d'origine diverse, il est vrai : hommes de lettres, hommes d'Église, hommes de cour; mais aucune distinction n'était établie entre eux. Les élections étaient soumises à l'approbation du Roi. Le directeur et le chancelier étaient désignés par le sort, primitivement tous les deux mois, plus tard tous les trois mois. Le secrétaire perpétuel était élu, sauf confirmation par le Roi.

Dans les autres Académies, on rencontrait, au contraire, plusieurs catégories de membres ayant une situation et des droits différents, soit au point de vue des élections, soit au point de vue des pensions accordées, et l'influence de l'autorité royale sur le choix des membres et sur la nomination du bureau de l'Académie était beaucoup plus considérable. Il faut entrer dans quelques détails pour bien faire apprécier la situation.

A l'Académie des inscriptions et belles-lettres, il y avait quarante académiciens divisés en trois catégories. D'abord dix honoraires, qui étaient généralement de grands personnages. Dom Mabillon, à cause de sa qualité de Bénédictin, avait été placé parmi eux ; Nicolas Foucault, d'Argenson, Bertin, les Bignon, le comte de Caylus, Malesherbes, Turgot y ont figuré à leur tour, mais beaucoup d'autres membres honoraires n'avaient pas leur mérite. Venaient ensuite les membres chargés des travaux de l'Académie, quinze pensionnaires, et quinze associés. Les membres titulaires pouvaient obtenir, s'ils étaient empêchés par

leur santé de participer aux travaux, la situation de vétérans. Il faut y joindre vingt associés libres, dont huit résidant à Paris, quatre résidant en province, huit étrangers,
et des correspondants en nombre illimité. Une catégorie
d'élèves, instituée en 1701, avait disparu plus tard.

Les quarante académiciens avaient seuls voix délibérative pour les élections, avec les quatre plus anciens
vétérans.

Pour les places d'honoraires et pour celles d'associés,
un seul candidat, élu par l'Académie, était présenté à
l'approbation du Roi. Pour celles de pensionnaires, deux
candidats étaient élus et le Roi pouvait choisir entre eux.
C'était le dernier état des choses; mais primitivement, pour
les places de pensionnaires, il fallait présenter au Roi trois
candidats, dont un n'appartenant pas à l'Académie, et pour
les places d'associés deux candidats, dont un pris en dehors
de l'Académie. Le président et le vice-président, pris
parmi les membres honoraires; le directeur et le sous-
directeur, pris parmi les pensionnaires, étaient nommés
par le Roi, pour un an. Le secrétaire trésorier, qui était
perpétuel, était désigné par le Roi, qui choisissait entre
deux candidats élus par l'Académie.

On retrouve un régime analogue à l'Académie des
sciences, divisée en huit classes, correspondant aux différentes branches des études mathématiques et physiques :
douze membres honoraires, parmi lesquels on peut signaler
Vauban, le chancelier d'Aguesseau, le duc d'Ayen, le duc
de La Rochefoucauld; vingt-quatre pensionnaires, vingt-
quatre associés, en tout soixante; de plus, des vétérans, les

uns pensionnaires, les autres associés. Pendant une certaine période, il y avait eu, en outre, des élèves, plus tard des adjoints; ces catégories avaient disparu successivement. Venaient ensuite douze académiciens libres, huit associés étrangers et des correspondants français et étrangers dont le nombre n'était pas limité.

Les membres honoraires et pensionnaires avaient seuls droit de suffrage dans toutes les élections.

Pour les places d'honoraires, un seul candidat était présenté à l'approbation du Roi; pour les places de pensionnaires, trois candidats étaient présentés, dont un pris en dehors de l'Académie; pour les places d'associés, deux seulement, dont un pris en dehors de l'Académie. La nomination du président et du vice-président, du directeur et du sous-directeur et celle du secrétaire perpétuel et du trésorier se faisaient dans les conditions qui viennent d'être indiquées pour l'Académie des inscriptions et belles-lettres. Vers 1740, le Roi avait décidé qu'il se contenterait de la proposition d'un candidat pour la place de secrétaire perpétuel.

Un système différent avait été adopté pour l'Académie de peinture et de sculpture. Il y avait dans cette compagnie, à la tête de laquelle ont été placés Lebrun, Mignard, Coypel, Coyzevox, etc., un mélange de réunions académiques et d'enseignement qui lui donnait un caractère particulier. Il y avait de plus une organisation combinée en vue de lutter contre les maîtres peintres et sculpteurs qui prétendaient enrôler de force les artistes dans leur corps de métier, et qui, malgré la protection du

Roi, revendiquaient encore en 1777 leurs prétendus privilèges [1].

Le nombre des académiciens était illimité. En fait, d'après le *Dictionnaire de l'Académie des beaux-arts*, il n'a jamais dépassé cent vingt à cent trente. L'administration de l'Académie était représentée par un directeur, un chancelier, quatre recteurs, deux adjoints aux recteurs, seize honoraires dont huit amateurs et huit associés libres, douze professeurs de peinture et de sculpture et six adjoints, deux professeurs de géométrie et d'anatomie, huit conseillers, un trésorier, un secrétaire historiographe. Ces dignitaires de l'Académie avaient seuls voix délibérative, à l'exception des huit honoraires associés libres, pour les élections, qui devaient être soumises à l'approbation du Roi. Pour le jugement des grands prix de peinture et de sculpture, dont la fondation remontait au temps de Colbert, tous les académiciens avaient droit de suffrage. La nomination du directeur était faite pour trois ans, sauf la confirmation par le Roi. Le secrétaire historiographe était nommé à vie.

Nul ne pouvait être nommé académicien sans avoir passé par la situation d'agréé, et il devait, dans un délai limité, se présenter pour être reçu au grade supérieur en justifiant de ses titres.

[1] L'histoire de cette lutte a été écrite par M. Vitet dans son livre sur l'*Académie royale de peinture et de sculpture*. Il faut consulter aussi les *Mémoires pour servir à l'histoire de l'Académie de peinture et de sculpture, depuis 1648 jusqu'en 1664*, attribués à Testelin, publiés par M. Anatole de Montaiglon en 1853, et le *Dictionnaire de l'Académie des beaux-arts*.

L'Académie d'architecture avait une organisation qui se rapprochait davantage de celle des Académies des inscriptions et belles-lettres et des sciences. Elle comptait trente-deux académiciens architectes, plus un directeur qui était le premier architecte du Roi, chargé de la présidence en l'absence du directeur et ordonnateur des bâtiments du royaume. Les académiciens architectes étaient divisés en deux classes, qui, en dernier lieu, étaient composées d'un nombre égal de membres. Deux professeurs faisaient partie de la première classe. Il y avait en outre six membres honoraires, associés libres, et douze correspondants ou associés étrangers et regnicoles. Les académiciens empêchés par leur santé ou par d'autres causes d'être assidus aux séances, pouvaient obtenir le titre de vétérans.

Les architectes de première classe et les trois plus anciens honoraires associés libres avaient seuls droit de suffrage pour les élections des architectes de première classe et des honoraires; pour les autres élections, tous les académiciens avaient droit de suffrage. Trois candidats étaient présentés au Roi pour la première et la seconde classe; une seule présentation était faite pour les honoraires associés libres et pour les correspondants. Le secrétaire perpétuel était nommé par le directeur et ordonnateur général des bâtiments du Roi.

Les deux professeurs, l'un d'architecture, l'autre de géométrie, nommés à perpétuité dans les mêmes conditions, étaient chargés de donner des leçons publiques sous le contrôle de l'Académie, qui décernait chaque année deux grands prix après un concours dont elle avait fixé le programme.

Toutes ces Académies vivaient d'ailleurs à peu près sans relations entre elles. Colbert avait formé, en 1666, le projet de constituer une Académie générale des lettres et des sciences. Fontenelle, dans l'*Histoire de l'Académie royale des sciences*, donne à ce sujet des détails très précis [1]. La Bibliothèque du Roi était destinée à être le rendez-vous commun des trois compagnies groupées dans « ce grand corps où se réunissaient et se conciliaient tous les talents les plus opposés ». Il y aurait eu, deux fois par semaine, des séances particulières de ceux qui s'appliquaient à l'histoire, de ceux qui étaient dans les belles-lettres, et des mathématiciens et physiciens..., et « afin qu'il y eût quelque chose de commun qui liât les différentes compagnies, on avait résolu d'en faire tous les premiers jeudis du mois une assemblée générale où les secrétaires auraient rapporté les jugements et les décisions de leurs assemblées particulières ». La résistance de l'Académie française fit abandonner le projet. M. Pierre Clément a publié, dans les *Lettres, mémoires et instructions de Colbert*, une note de Charles Perrault, présentée à Colbert en 1666, qui confirme et complète les indications données par Fontenelle sur ce qu'il appelle « les états généraux de la littérature [2] ».

Il faut dire toutefois que le règlement donné par Pont-

---

[1] Tome I, p. 5 et 6, édition in-4°.

[2] Voici cette note, où l'on remarquera quatre catégories de savants et littérateurs, au lieu de trois. Toutefois, à voir les matières qui y sont com-

chartrain en 1701 à l'Académie des inscriptions et
médailles établissait un lien entre cette Académie et l'Académie des sciences, qui devaient, chaque année, après leur
séance publique, se rendre compte mutuellement de leurs
travaux; cette disposition était régulièrement exécutée.

Mais l'union était loin d'être la même avec l'Académie
française. Les rapports étaient si tendus que l'Académie
des inscriptions et belles-lettres avait, un moment, cher-
ché à établir en règle qu'elle ne donnerait ses suffrages
qu'aux candidats qui promettraient de ne pas se présenter
à l'Académie française, et qu'elle rayerait de sa liste ceux
qui, après avoir été élus, manqueraient à cet engagement.
La délibération fut annulée par le Roi; on n'en chercha
pas moins à l'appliquer à M. de Choiseul-Gouffier, élu
en 1784 à l'Académie française, qui fut traduit devant les
maréchaux de France, juges des affaires d'honneur, pour

prises sous le nom de philosophie, on admet facilement qu'elles devaient
être comprises dans les attributions de l'Académie des sciences :

« L'Académie pourroit être composée de personnes de quatre talents différents, savoir : belles-lettres, histoire, philosophie, mathématiques.

« Les gens des belles-lettres excelleroient ou en grammaire, éloquence,
poésie;

« Les historiens ou en histoire, chronologie, géographie;

« Les philosophes ou en chimie, simples, anatomie, physique expérimen-
tale;

« Les mathématiciens ou en géométrie, astronomie, algèbre;

« Il seroit à souhaiter que chacun sût toutes les parties de la science
dont il feroit profession; mais il seroit nécessaire qu'il excellât et qu'il fît
une étude particulière de celle qu'il auroit choisie, de laquelle il seroit
obligé de faire toutes les recherches qui lui seroient demandées et répondre
aux difficultés qui seroient proposées. » (Lettres, instructions et mémoires
de Colbert, t. V, p. 512. — Voir aussi l'Introduction du même volume.
II. Les Académies, p. LIII à LXXVII.)

avoir manqué à son engagement. Le Roi se réserva la décision, et l'affaire n'eut pas de suite[1]. Il aurait fallu se souvenir que les premiers membres de l'Académie des inscriptions, alors la petite Académie, avaient été pris exclusivement dans l'Académie française.

On ne peut dissimuler qu'il y avait, dans ces organisations disparates, dans ces inégalités de droits pour les catégories diverses d'académiciens appelés à concourir aux mêmes travaux, dans les rivalités et les froissements qui en devaient naître, dans le pouvoir considérable attribué au Roi, pour certaines Académies, à l'égard des nominations des académiciens et du bureau, et qui permettait d'écarter le mérite reconnu par les meilleurs juges, des arguments pour ceux qui cherchaient en 1789 des abus à corriger, des réformes à faire.

II

La situation des Académies, de 1789 à 1793, peut se résumer en deux mots. Lorsque la révolution de 1789 a éclaté, elles ont été attaquées parce qu'elles constituaient une aristocratie de l'intelligence, compliquée d'aristocratie politique, et que de plus leur organisation intérieure

[1] MAURY, *L'Ancienne Académie des inscriptions et belles-lettres,* p. 340.

heurtaif, pour la plupart d'entre elles, la passion de l'égalité qui dominait alors. Elles ont été mises en demeure de réformer leurs statuts; elles y ont travaillé. En 1793, elles ont été enveloppées dans la haine qu'inspiraient les rois qui les avaient fondées; elles devaient disparaître. Contestées d'abord au nom des principes de 1789, elles ont été supprimées, nous allions dire exécutées, au nom des principes de 1793.

L'Académie française, qui attirait plus que les autres l'attention des hommes de lettres et des publicistes, et l'Académie de peinture et de sculpture, aux prises avec la jeunesse dont elle dirigeait les études, avaient été particulièrement attaquées.

Aussi lorsque Lebrun, dans la séance du 16 août 1790, vint, au nom du comité des finances, présenter à l'Assemblée constituante le budget des Académies, son rapport fut interrompu. Un député, Le Deist de Botidoux, demanda « l'ajournement jusqu'à ce que l'utilité de l'Académie française fût constatée », et l'ajournement fut voté. Lebrun avait cependant signalé dans quelques paroles très justes les mérites de l'Académie française, de l'Académie des inscriptions et belles-lettres et de l'Académie des sciences : « L'Académie française, disait-il, a des droits à la reconnaissance publique; on n'oubliera pas que plusieurs de ses membres ont été les apôtres de la liberté. » Il rappelait aussi que l'Académie des sciences jouissait du respect de l'Europe.

Le comité des finances fit reprendre la question dans la séance du 20 août 1790. Lebrun présenta une chaleu-

reuse défense des Académies [1]. « C'est en mon nom seul
que je vais parler, disait-il... Je le ferai sans prévention
pour les Académies, qui me sont, qui me seront toujours
étrangères (il ne prévoyait pas qu'il serait, en l'an VIII,
troisième consul et qu'il entrerait en l'an IX dans la troisième classe de l'Institut); sans intérêt pour ce vieil ordre
de choses auquel leurs détracteurs prétendent qu'elles
appartiennent.

« Les arts, les sciences seront toujours le besoin et
l'embellissement des empires. Ils ornent leurs prospérités;
ils consolent et font respecter leurs disgrâces. C'est par eux
que, dans les temps de faiblesse, dans les jours de déca-
dence, la France a régné encore sur les opinions et que
les hommes de toutes les nations sont venus s'instruire à
leur école.

« Cet éclat, c'était aux Académies que vous le deviez.

. . . .

« Du moment où les Académies furent formées, les
lettres, les sciences, les arts devinrent le goût ou le délas-
sement de tous les citoyens.

« Les ouvrages qui sortaient de leur sein, l'éclat de
leurs séances, l'exagération même de leurs succès, vantés
par plus de cent bouches, fixaient sur la France les regards
de toute l'Europe.

« C'est à cette époque que Paris commença à être le
rendez-vous des nations, que l'urbanité française devint
proverbe, que notre langue fut la langue des autres

[1] Le *Moniteur* ne l'a pas reproduite. On la trouve dans les *Archives parlementaires*, 1re série, t. XVIII.

peuples, que la curiosité, l'imitation des étrangers enrichirent notre industrie. »

. . . .

A ces nobles paroles, que comprennent bien les générations qui ont éprouvé les amertumes de la défaite après l'ivresse des triomphes militaires, Lebrun ajoutait des considérations pratiques. Il faisait ressortir notamment que l'Académie des belles-lettres devenait plus précieuse que jamais au moment où les congrégations qui s'étaient vouées à l'étude de nos antiquités allaient disparaître sans retour.

« Des hommes isolés, disait-il, sans encouragements, sans le secours des communications littéraires, ne rempliraient point cette tâche.

« ...Il faut soutenir leurs efforts, il faut leur montrer au bout de cette carrière ingrate et difficile la gloire et les récompenses. Et c'est une gloire, une récompense, la plus touchante de toutes, d'être associé à une compagnie qui a mérité de grands succès et obtenu une grande célébrité. »

Il termine par une considération qui montre bien la résolution, arrêtée par l'Assemblée constituante, de ne laisser au pouvoir royal qu'un vain titre et la couronne. Il justifie une disposition du décret, proposé par le comité des finances, qui plaçait les Académies sous la protection du Roi.

« Vous avez repris aux rois, ou plutôt à leurs ministres, le pouvoir de faire des lois, le pouvoir de faire des conquêtes, le pouvoir de remuer les fondements de la monarchie. Abandonnez-leur ces hochets séduisants et cette gloire innocente ; qu'on les vante comme les restaurateurs des sciences et des arts, les amis et les pères des lettres et que, dans ces distractions, ils oublient la passion des ministres et des rois. »

Lanjuinais, qui, dans les discussions de l'Assemblée constituante, n'a pas donné la mesure de son mérite, ne se laissa pas persuader. Il combattit avec raideur et sécheresse le privilège, le monopole des Académies. Il soutint que les sociétés littéraires et scientifiques n'avaient besoin que de la liberté. Il invoqua l'exemple de l'Angleterre et de l'Allemagne, où beaucoup de sociétés semblables étaient florissantes sans être patronnées par le gouvernement.

La passion politique se montrait dans plusieurs passages de ce discours.

« Les Académies privilégiées et pensionnées sont des foyers d'aristocratie littéraire et civile ; la plupart de leurs membres ont contrarié la révolution par leurs discours et par leurs écrits.

« L'Académie française surtout, sur laquelle le gouvernement a non pas une autorité directe comme sur les autres, mais une autorité d'influence très efficace, est un établissement dangereux dans un gouvernement libre. L'éloquence ne consiste plus à aligner froidement quelques phrases ingénieuses et correctes.

« Voltaire, cet écrivain prématuré, malgré ses supplications avilissantes, n'a été de l'Académie qu'à cinquante ans et n'en était pas moins Voltaire. Rousseau, Raynal et Mably, dont je déteste les erreurs, mais dont j'admire le génie et le talent, ces hommes, qui ont tant fait pour la révolution, n'étaient pas de l'Académie. »

C'est l'abbé Grégoire qui répondit à Lanjuinais, dont le discours, d'après les *Archives parlementaires,* avait été interrompu par de fréquentes marques d'improbation[1]. Il fut, ce jour-là, le défenseur des Académies.

« Le préopinant vient de soutenir une très mauvaise thèse, dit-il ; car s'il a parfaitement prouvé qu'on peut produire de bons ouvrages sans être d'une Académie, il n'a pas prouvé que les sociétés savantes fussent inutiles. A l'appui de son opinion, il a cité des exemples qui prouvent contre lui, car les auteurs des ouvrages dont il nous a fait l'énumération étaient eux-mêmes membres d'Académies ou de congrégations dans le sein desquelles ils avaient puisé beaucoup de lumières.....

« ..... L'expérience la plus certaine parle en faveur de ces établissements qui font la gloire des nations. Les nations doivent donc une faveur signalée à ces sociétés..... Déjà plusieurs, telles que l'Académie française, ont une origine qui met tous leurs membres sur la ligne de l'égalité. Je sais que beaucoup d'autres préparent des projets de règlements calqués sur les principes constitutionnels que vous avez décrétés. »

En conséquence, Grégoire proposait de voter provisoirement, pour l'année 1790, le fonds des dépenses nécessaires pour les diverses Académies et de déclarer que ces sociétés seraient tenues de présenter dans le délai de trois mois

---

[1] Lanjuinais est entré à l'Institut en 1808 dans la classe d'histoire et de littérature ancienne.

à l'Assemblée nationale les projets de règlements qui devaient fixer leur constitution.

Malgré une certaine résistance, et sur les observations de Camus, qui approuvait la proposition de Grégoire, cette proposition fut votée.

Les dépenses autorisées par la loi du 20 août 1790 n'étaient pas bien considérables.

Pour l'Académie française, c'était 25,217 livres, y compris les jetons des membres (20,717 livres), les appointements du secrétaire perpétuel (3,000 livres), les frais de la messe de la Saint-Louis (300 livres). On y joignait 1,200 livres pour un prix à donner, sur le jugement de l'Académie, et au nom de la nation, à l'auteur du meilleur ouvrage qui aurait paru, soit sur la morale, soit sur le droit public, soit enfin sur quelque sujet utile.

Pour l'Académie des belles-lettres, la dépense montait à 43,908 livres; pour l'Académie des sciences, elle s'élevait à 93,458. On y voit 16,000 francs pour frais d'expériences. Ces deux Académies devaient aussi décerner chacune un prix de 1,200 livres.

La première crise se terminait heureusement. Mais le repos des Académies n'était pas assuré. Quand elles eurent terminé les projets de modification de leurs statuts, elles les présentèrent à l'Assemblée. On sait que Mirabeau, chargé de les examiner, était disposé à s'approprier un pamphlet violent de Chamfort, de l'Académie française, contre l'Académie française et à demander la suppression de toutes les Académies. Il voulait les remplacer par une Académie nationale, divisée en trois sections, la section philosophique, la section littéraire et la section des sciences, et complétée par une Académie des beaux-arts. Après sa mort, la question de la réforme des statuts fut abandonnée[1]. Ce n'est pas le lieu d'insister sur le projet de Talleyrand soumis à l'Assemblée constituante, sur celui de Condorcet présenté à l'Assemblée législative. Arrivons à l'œuvre de la Convention.

Les attaques contre les Académies avaient redoublé depuis l'installation de la Convention. Le 25 novembre 1792, une loi suspendait, dans toutes les Académies de France, les remplacements et les nominations. Elle supprimait, en même temps, la place de directeur de l'Académie de peinture, sculpture et architecture établie à Rome.

Le 8 août 1793, Grégoire vint, au nom du comité de l'instruction publique, présenter à la Convention un projet de décret qui supprimait toutes les Académies patentées et dotées par la nation.

Pour bien se rendre compte des mobiles qui faisaient agir la Convention, il suffit de se rappeler les événements qui se sont accomplis dans cette année 1793, et le 21 janvier, et le 31 mai, préludes de la Terreur, et la guerre étrangère et la guerre civile.

La Convention était aux prises avec l'Europe, avec la Vendée, avec l'insurrection des départements provoquée par la proscription des Girondins. Mayence et Valenciennes venaient de capituler. On peut voir toutes ses inquiétudes dans le rapport lu par Barrère, au nom du comité de salut

[1] Jules Simon, *Une Académie sous le Directoire*, p. 58.

public, à la séance du 1er août, qui signale partout des conspirateurs et des traîtres.

Il faut dire aussi que, dans cette séance du 8 août, la Convention voyait défiler avec enthousiasme les délégués des départements venus à Paris pour apporter le vote des assemblées primaires sur la constitution éphémère du 24 juin 1793 et qui se présentaient à la barre aux cris de : Vive la République ! vive la Montagne ! Il faut ajouter que, dans cette même séance, la *veuve* Marat venait développer longuement une plainte contre deux journalistes qui, prétendant continuer les feuilles patriotiques de ce grand citoyen, usurpaient son nom et calomniaient sa mémoire en défigurant ses principes et le présentant comme un apôtre insensé du désordre et de l'anarchie ; sur quoi Robespierre demandait que le comité de sûreté publique examinât la conduite des écrivains mercenaires qui lui étaient dénoncés, en déclarant que la mémoire de Marat devait être défendue par la Convention et tous les patriotes.

Voilà le moment, voilà le milieu dans lequel délibérait le comité de l'instruction publique et dans lequel Grégoire venait faire son rapport sur la suppression des Académies [1]. Grégoire, entraîné par le courant de ces années de violence,

---

[1] Il est à noter que le *Moniteur*, dans le compte rendu de la séance du 8 avril 1793 (no du 10 complété par le no du 15), ne dit rien du rapport de Grégoire, du discours de David et de la suppression des Académies ; mais il consacre deux colonnes à la pétition de la veuve Marat. C'est dans une note au no du 9 août, à la suite du compte rendu de la séance du 7, qu'il donne cette indication : « Grégoire a fait un rapport sur les Académies ; il les regarde comme des institutions inutiles et en demande la suppression. Le premier article du projet est adopté. Les autres articles ont été ajournés. »

bien qu'il ait résisté au vandalisme, a oublié ce qu'il disait
en 1790, ce qu'il répétera en 1795. Il a pris le langage
du jour; il déclame contre le despotisme et les tyrans. Il
va jusqu'à dire : « Le bon Fénelon a fait un traité sur la
direction de la conscience d'un Roi, comme si les Rois
avaient de la conscience. Autant eût valu disserter sur la
douceur des bêtes féroces. » Ce n'est pas assez. « La nation,
dit-il encore, veut avoir le génie pour créancier, d'autant
plus que le génie (et nous le dirons crûment), presque toujours le véritable génie est sans-culotte. » David, de son
côté, montrera « dans toute sa turpitude, l'esprit de l'ani_
mal qu'on nomme académicien ».

Le rapport de Grégoire emprunte à Chamfort un certain
nombre de ses traits contre l'Académie française. Il est
respectueux pour l'Académie des sciences, dont il fait ressortir les services. Mais le principal grief invoqué contre
les Académies et qui doit entraîner leur suppression, c'est
qu'elles ont été fondées par les Rois, c'est qu'elles consti-
tuent un privilège aristocratique, c'est qu'elles ne sont pas
composées en majorité de patriotes.

En voici les premiers mots :

« Nous touchons au moment où par l'organe de ses
mandataires, à la face du ciel et dans le champ de la
nature, la nation sanctionnera le Code qui établit la liberté.
Après-demain la République française fera son entrée
solennelle dans l'univers. En ce jour où le soleil n'éclairera
qu'un peuple de frères, les regards ne doivent plus ren-
contrer sur le sol français d'institutions qui dérogent aux
principes éternels que nous avons consacrés ; et cependant

quelques-unes qui portent encore l'empreinte du despotisme, ou dont l'organisation heurte l'égalité, avaient
échappé à la réforme générale, ce sont les Académies. »

Et plus loin : « Un autre motif qui commande la suppression de ces sociétés, c'est que la plupart sont désor-
ganisées par l'effet de cette révolution sublime qui a
déplacé tant de rapports et froissé tant de préjugés, tant
d'intérêts. Les patriotes y sont presque toujours en mino-
rité; et quelques-uns de ces hommes qui, par leurs écrits,
avaient ouvert la route à la liberté, aujourd'hui la mécon-
naissent et blasphèment contre elle. Cette discordance
d'opinions politiques est étrangère à l'objet qui rassemble
des gens de lettres; mais comme elle a sa source dans le
cœur encore plus que dans l'esprit, quel bien peuvent
opérer, par leur rassemblement, des hommes dont les uns
sont gangrénés d'une incurable aristocratie, et les autres
ont l'inflexible austérité du républicanisme? La servitude
et la liberté étant inalliables, leurs partisans respectifs le
seront à jamais. Il en résulte que ces Académies sont une
arène où Oromase et Arimane se battent; et certes, il n'y
a pas plus de distance entre les deux principes des Mani-
chéens qu'entre un aristocrate et un patriote. »

Viennent ensuite les attaques contre l'origine des Académies et les Rois qui les ont instituées.

« Les tyrans eurent toujours la politique de s'assurer
des trompettes de la renommée; tel fut ce Périclès qui,
après avoir ravagé l'Acarnanie pour complaire à sa maî-
tresse, corrompit par son exemple Athènes, subjuguée
par son astuce, et fit mentir les historiens en sa faveur;

tel fut cet Auguste dont la main sanguinaire caressa les muses, et par ce moyen le complice d'Antoine et de Lépide fit oublier les horreurs du triumvirat ; tel fut ce Richelieu qui, en créant une Académie, cherchait des panégyristes et des esclaves.

« Tel fut ce Louis XIV qui, après avoir écrasé la France pour porter au loin la terreur de son nom, faisait chanter, par ses poètes gagistes, le monument des Invalides, où il entassait ses victimes, et qui était moins un asile ouvert à l'humanité qu'un trophée érigé à son orgueil ; tout l'encens du Parnasse fumait sur ses autels. Despréaux lui-même, le sévère Despréaux écrivait :

Grand Roi, cesse de vaincre, ou je cesse d'écrire.

« L'Académie française, qui chassa de son sein le bon abbé de Saint-Pierre, fut presque toujours un instrument entre les mains du despotisme ; elle avait ouvert un concours sur cette question : Laquelle des vertus du Roi est la plus digne d'admiration ? »

Grégoire cite ensuite un discours de Tallemant, qui remonte au dix-septième siècle, pour montrer combien les travaux de l'Académie française étaient frivoles. Il a bien soin de ne rien dire de Montesquieu, de Voltaire, de d'Alembert, de l'influence dominante des philosophes dans l'Académie pendant la seconde moitié du dix-huitième siècle. Ce qu'il vient de dire a démontré suffisamment que les Académies sont inutiles.

« A la renaissance les lettres, il fut avantageux peut-être que le gouvernement donnât aux sociétés littéraires une consistance politique, pour leur faciliter les moyens de débrouiller le chaos. Les arts d'agrément, qui partout ont précédé le règne de la philosophie, et qui étaient nécessaires pour adoucir des mœurs barbares, avaient besoin d'un appui éclatant. Ils peuvent actuellement se passer de Mécène : les besoins d'une nation très civilisée suffiront pour leur conserver le mouvement et la vie.

« Les Académies ont concouru à défricher le champ de l'antiquité ; mais cette mine est presque entièrement exploitée [1] ; il reste à faire la partie philosophique, qui n'est pas l'ouvrage d'un corps, pas plus qu'une pièce de poésie ou d'éloquence.

« Sur les objets purement littéraires, l'esprit humain, ayant atteint sa virilité, peut prendre son essor sans qu'une Académie soutienne son vol ; et comme il ne doit exister dans un gouvernement sage aucune institution parasite, le fauteuil académique doit être renversé. »

Pour rassurer les amis des sciences et des lettres, pour consoler les académiciens dispersés, Grégoire leur montrait toute l'influence que pouvaient acquérir des sociétés libres.

Il défendait énergiquement la Convention contre l'accusation de « vouloir éteindre le flambeau du génie », il montrait tout ce qu'elle avait fait, tout ce qu'elle préparait pour l'instruction publique.

Par une étrange contradiction, après avoir proclamé en principe l'inutilité des sociétés académiques patronnées par

---

[1] Les travaux du dix-neuvième siècle ont montré à quel point Grégoire se trompait.

le gouvernement, après avoir déclaré que « le fauteuil académique devait être renversé », il glissait dans son rapport
quelques lignes qui annonçaient le projet d'une création
nouvelle, celle qui devait remplacer les institutions détruites. Il est intéressant d'en reproduire les termes :
« Citoyens, détruire est chose facile, et c'est moins en sup-
primant qu'en créant que le législateur manifeste sa sa-
gesse ; la vôtre éclatera dans les mesures que vous prendrez,
pour que, du milieu des décombres, le sanctuaire des arts,
s'élevant sous les auspices de la liberté, présente la réunion
organisée de tous les savants et de tous les moyens de
science ; votre comité d'instruction publique doit incessam-
ment vous développer ses vues à cet égard. »

Et comme s'il avait déjà créé au lieu de se borner à détruire, le rapporteur terminait par un élan d'enthousiasme :

« La toute-puissance nationale a des moyens immenses
pour attiser le feu du génie, diriger ses élans vers le bon-
heur social, et le faire planer sur l'horizon français entre la
liberté et la vertu. Avec peu de dépenses vous pouvez être
bientôt la nation enseignante de l'Europe, à laquelle vous
aurez ouvert de nouvelles routes, et rendre les étrangers
tributaires de l'industrie et des connaissances nationales.
Alors la France sera la métropole du monde savant ; alors
votre langue, qui est la langue des sciences, qui a déjà
servi à la rédaction originale d'un traité entre les Turcs et
les Russes, en faisant de nouvelles conquêtes, en fera faire
à vos principes. Le temps, qui ronge les hommes et les
empires, entraînera dans sa course majestueuse les restes
de la superstition, des préjugés, ces lèpres de la raison ;

il dévorera les trônes et les tyrans ; mais il consolidera la République. Ainsi la France actuelle transmettra à la France future le dépôt des connaissances humaines, les titres de la liberté, les monuments de sa gloire ; et ce sera votre ouvrage. »

Nous ne nous excuserons pas d'avoir donné de si longs fragments de ce rapport. Il y a des états d'esprit qu'on ne peut faire comprendre par l'analyse d'une œuvre. Il faut d'ailleurs qu'on puisse comparer ce langage à celui qui sera tenu deux ans plus tard, à la Convention, par Boissy d'Anglas et Daunou, et devant l'Institut par le ministre de l'intérieur du Directoire.

Nous pouvons être plus bref pour le discours de David. Depuis la Révolution, David était à la tête du parti de l'opposition dans l'Académie de peinture. Aussi il saisit cette occasion pour « prouver le tort que les Académies font à l'art même, combien elles sont loin de remplir le but qu'elles se sont proposé, pour démasquer l'esprit de corps qui les dirige, la basse jalousie des membres qui les composent, les moyens cruels qu'ils emploient pour étouffer les talents naissants, et les vengeances monacales qu'ils mettent à toute heure en usage, si par malheur le jeune homme qu'ils poursuivent a reçu de la nature un talent qui le met hors d'atteinte de leur tyrannique domination.

« ...Talents perdus pour la postérité, grands hommes méconnus ! s'écrie-t-il ; je vais apaiser vos mânes dédaignés. Vous serez vengées de votre malheur, illustres victimes des Académies ! »

Ce début donne une idée suffisante des violentes critiques dirigées par David contre l'organisation de l'Académie de peinture et de sculpture, contre les procédés des professeurs jaloux de leurs élèves. Après avoir rapporté plusieurs anecdotes destinées « à intéresser la sensibilité » de son auditoire, David conclut ainsi : « Au nom de l'humanité, au nom de la justice, pour l'amour de l'art, et surtout par votre amour pour la jeunesse, détruisons, anéantissons ces trop funestes Académies, qui ne peuvent plus subsister sous un régime libre. Académicien, j'ai fait mon devoir, prononcez. »

Après le rapport de Grégoire et le discours de David, la Convention n'hésita pas à supprimer les Académies. Le comité de l'instruction publique avait présenté un projet de décret en sept articles, dont le second maintenait provisoirement l'Académie des sciences, dont le troisième chargeait le comité de présenter un plan d'organisation d'une société destinée à l'avancement des sciences et des arts, dont le quatrième reconnaissait aux citoyens le droit de se réunir en sociétés libres pour contribuer au progrès des connaissances humaines. Le premier article seul fut adopté, en même temps que le septième, qui mettait les biens des Académies sous la surveillance des autorités constituées. Le 15 août 1793, Lakanal faisait rendre un décret qui, reproduisant l'article 2 du projet du comité, autorisait les membres de la ci-devant Académie des sciences à se réunir pour s'occuper des travaux qui leur seraient renvoyés par la Convention. Lavoisier répondit, en témoignant une vive reconnaissance, que les membres de l'Académie n'avaient pu accepter la situation qui leur était faite. Lavoisier ne tarda pas à monter sur l'échafaud.

III

Deux ans après, le 5 messidor an III (23 juin 1795), voici le langage que Boissy d'Anglas tenait à la Convention, en exposant les motifs du projet de Constitution.

. . . .

« Enfin nous vous proposons de créer un Institut national qui puisse offrir, dans ses diverses parties, toutes les branches de l'enseignement public et, dans son ensemble, le plus haut degré de la science humaine : il faut que ce que tous les hommes savent y soit enseigné dans sa plus haute perfection; il faut que tout homme y puisse apprendre à faire ce que tous les hommes de tous les pays, embrasés du feu du génie, ont fait et peuvent faire encore; il faut que cet établissement honore non la France seule, mais l'humanité tout entière, en l'étonnant par le spectacle de sa puissance et le développement de sa force. Il doit surveiller tous ces trésors de l'imagination et du talent, de la méditation et de l'étude, dont Paris présente l'ensemble à l'admiration de l'Europe entière, conserver les monuments des arts, des sciences et de la raison et fixer ainsi, au milieu de vous, le résultat des plus belles conceptions de l'esprit humain. Là se retrouveront enfin ces conférences journalières entre les hommes habiles et versés dans les mêmes sciences, dont le résultat doit être d'accroître les richesses de l'imagination et de l'esprit et de diriger le vol du génie vers le but le plus utile et le plus sûr. Vous encouragerez ces travaux communs, desquels jailliront, avec une force doublement active, tous les rayons qui doivent éclairer le monde. »

Tout est réuni dans ce court exposé des motifs pour justifier les institutions condamnées par Grégoire et par David et détruites par la Convention. Boissy d'Anglas refait le discours prononcé par Lebrun le 20 août 1790, et la Convention adopte l'article 298 de la Constitution portant : « Il y a pour toute la République un Institut national chargé de recueillir les découvertes, de perfectionner les arts et les sciences. »

A son tour, Daunou, rapporteur de la loi du 3 brumaire an IV sur l'instruction publique, motive dans des termes semblables le titre IV de cette loi qui, en exécution de la Constitution, organisait l'Institut.

Ne voulant pas avouer qu'il propose de rétablir les anciennes Académies, en les groupant sous une autre forme, en les unissant par ce lien que Colbert avait tenté de créer, il déclare qu'il les efface.

« Nous avons emprunté de Talleyrand et de Condorcet le plan d'un Institut national, idée grande et majestueuse dont l'exécution doit effacer en splendeur toutes les Académies des Rois, comme les destinées de la France républicaine effacent déjà les plus brillantes époques de la France monarchique. Ce sera, en quelque sorte, l'abrégé du monde savant, le corps représentatif de la république des lettres, l'honorable but de toutes les ambitions de la science et du talent, la plus magnifique récompense des grands efforts et des grands succès; ce sera, en quelque sorte, un temple national dont les portes, toujours fermées à l'intrigue, ne s'ouvriront qu'au bruit d'une juste renommée.

« Cet Institut raccordera toutes les branches de l'instruction; il leur imprimera la seule unité qui ne contriste pas le génie et qui n'en ralentisse pas l'essor; il manifestera toutes les découvertes, pour que celle qui aura le plus approché de la perfection exerce le libre ascendant de l'estime et devienne universelle parce qu'elle sera sentie la meilleure.

« Vous verrez se diriger à ce centre commun et s'y porter par une pente naturelle et nécessaire tout ce que chaque année doit faire éclore de grand, d'utile et de beau sur le sol fertile de la France. Là, des mains habiles diviseront, répandront, renverront partout ces trésors de science, de lumière; là d'éclairés dispensateurs des couronnes du talent, allumant de toutes parts le feu de l'émulation, appelleront les prodiges que l'activité française a la puissance et le besoin de produire. Là se verront, s'animeront et se comprendront les uns les autres les hommes les plus dignes d'être ensemble; ils se trouveront réunis comme les représentants de tous les genres de gloire littéraire; et certes il est temps que la gloire aussi ressente l'influence de l'universelle égalité et qu'elle puisse ouvrir à la fois son temple au savant qui continue Pascal et d'Alembert, au poète qui recommence Racine, à l'orateur, à l'historien, à l'artiste,

à l'acteur célèbre qui recrée les chefs-d'œuvre du grand
théâtre en leur donnant l'âme du geste, du regard et de la
voix et qui achève ainsi Corneille et Voltaire. »

L'Institut, organisé par la nouvelle loi, s'écartait assurément d'une manière sensible de l'organisation des anciennes
Académies. Non seulement il ne faisait qu'un corps divisé
en trois classes, et dans lequel l'unité avait été poussée à
ce point que les élections étaient faites par tous les membres
réunis, sans distinction de classes ; mais de plus les anciens
cadres étaient brisés. L'Académie des sciences seule se
trouvait à peu près intacte dans la première classe, avec
ses anciennes subdivisions. Quant à la seconde classe, celle
des sciences morales et politiques, elle était nouvelle. La
philosophie, présentée sous le nom d'analyse des sensa-
tions et des idées, la morale, la science sociale et la légis-
lation, l'économie politique, l'histoire, la géographie avaient
sans doute des représentants dans les anciennes Académies,
et nous n'avons pas besoin de les nommer ; mais en réunissant ces sciences dans un même groupe, on entendait
donner aux études académiques un autre caractère. Quant
à la troisième classe, consacrée à la littérature et aux
beaux-arts, et où se trouvaient pêle-mêle la grammaire, les
langues anciennes, la poésie, les antiquités et les monuments, la peinture, la sculpture, l'architecture, enfin la
musique et la déclamation, on voit qu'elle pouvait se
rattacher à quatre des anciennes Académies auxquelles
elle emprunta plusieurs membres.

Il s'y trouvait même un élément nouveau auquel Daunou
avait tenu à donner de l'importance : la déclamation. Les

termes dans lesquels il insiste sur cette application du principe de l'universelle égalité, qui n'a pas été maintenue dans la réorganisation de l'an XI, sont calculés pour faire ressortir l'association de l'acteur et de l'auteur dans le succès des œuvres de théâtre. C'est par application de cette idée que Molé, Grandménil et Monvel ont siégé à côté de Méhul, de Gossec et de Grétry dans la section de musique et déclamation, et que, dans les séances publiques, ils lisaient les poésies de leurs confrères.

Un des caractères essentiels de l'organisation de l'Institut est encore l'égalité de droits accordée à tous les membres, et cependant ce principe n'a pas fait obstacle, dès le début, à la création de trois catégories différentes : les membres résidant à Paris, et les associés répandus dans les différentes parties de la République, qualifiés plus tard de correspondants, enfin les associés étrangers ; il n'a pas empêché d'attribuer exclusivement aux membres résidant à Paris le droit de suffrage pour les élections. On revenait par la force des choses à une partie du régime des anciennes Académies. Mais dans le règlement établi, sur la proposition de l'Institut, par la loi du 15 germinal an IV (4 avril 1795), on avait cru nécessaire, pour garantir cette égalité, de supprimer les secrétaires perpétuels. Lakanal, dans son rapport au conseil des Cinq-Cents sur ce règlement, justifiait la mesure dans des termes où se laisse voir une jalousie un peu exaltée.

« L'usage reçu dans les sociétés savantes, dit-il, a toujours été jusqu'ici de perpétuer ou de maintenir à long terme ces fonctionnaires dans l'exercice de leurs fonctions. L'expérience a démontré que des agents inamovibles dans le sein de ces sociétés usurpaient bientôt et concentraient en eux seuls l'influence de la Compagnie sur l'opinion publique; les travaux de leurs confrères étaient autant de trophées élevés à leur renommée, et leurs efforts généreux pour la gloire des arts ne servaient guère qu'à donner un nouvel éclat à des réputations usurpées. Ces hommes privilégiés étaient les tuteurs des sciences; il est temps qu'elles soient vengées de ces sanglants outrages. Le président de l'Institut national sera renouvelé tous les six mois, et les secrétaires tous les ans. Le bien du service exige qu'ils restent en place une année entière, pour donner plus d'ensemble et d'uniformité, pour homogénéifier en quelque sorte le compte annuel que l'Institut doit rendre de ses travaux au Corps législatif, conformément à la loi. »

Nous ne lui répondrons pas; c'est Chaptal qui va lui répondre tout à l'heure. Nous ne discuterons pas non plus les divisions et les subdivisions de l'Institut telles qu'elles résultent de l'organisation de l'an III. M. Jules Simon l'a fait avec une autorité particulière, bien qu'on puisse contester l'idée de la suppression absolue des sections [1]. Nous aimons mieux laisser encore à Chaptal le soin de justifier les réformes qui ont été faites sur ce point en l'an XI.

Ce qu'il nous paraît intéressant de montrer en ce moment, c'est l'impossibilité où se trouvent les hommes publics de cette époque d'éviter la comparaison avec les

[1] *Une Académie sous le Directoire*, p. 174 et suiv.

anciennes Académies et d'échapper à la nécessité de les reproduire.

Le ministre de l'intérieur du Directoire, Bénezech, a plus de franchise que les autres. Il ne cherche pas à dissimuler le rétablissement des institutions si récemment détruites.

Dans le rapport par lequel il propose au Directoire de nommer, conformément à la loi du 3 brumaire an IV, les quarante-huit premiers membres de l'Institut, il n'hésite pas à reconnaître l'inanité du principal grief mis en avant par Grégoire. « Les Académies, que l'Institut national est destiné à remplacer, dit-il, ne furent point, comme on l'a publié, des établissements du despotisme. Il a pu s'en emparer et y dominer quelquefois. Mais en remontant à leur première origine, on voit qu'elles doivent leur naissance au besoin que les savants ont eu de se rapprocher et se communiquer le résultat de leurs travaux.

. . . .

« Foyer commun de toutes les connaissances, les compagnies savantes sont également le centre et le mobile de l'émulation qui s'établit non seulement entre les membres d'une même société, mais encore entre les sociétés de toutes les nations éclairées.

« La Convention, en décrétant l'Institut, a voulu perfectionner et nationaliser en quelque sorte un établissement dont le despotisme n'avait pu empêcher les heureux effets. On ne saurait donc trop s'empresser, pour répondre à ses vues bienfaisantes, de procéder à son organisation. »

Quand il installe, le 15 frimaire an IV (6 décembre

1795), les quarante-huit premiers membres nommés par le Directoire, il leur dit : « Citoyens, c'est un moment bien doux pour moi que celui où je suis appelé par mes fonctions au milieu des savants, des littérateurs et des artistes. Ce n'est pas sans une émotion profonde que je rouvre ce sanctuaire du génie et que je vous y vois assemblés. » C'était dans l'édifice du Louvre, pour parler comme l'arrêté du Directoire, que cette installation avait lieu ; c'était dans les salles mêmes où siégeaient les anciennes Académies.

Et le ministre ne se prononce pas moins nettement sur le régime de la Terreur. « Nos législateurs ont voulu prouver aux détracteurs de la France qu'après six ans de révolutions, de guerres et de tourmentes politiques, après deux ans surtout qui ont été deux siècles de barbarie, c'est encore en France que se trouvent les noms les plus célèbres dans les sciences et dans les arts. »

Beaucoup de membres du nouvel Institut appartenaient aux assemblées politiques de 1795 ; plusieurs d'entre eux avaient contribué à le fonder, après avoir contribué à détruire les anciennes Académies, et, parmi eux, Grégoire et Lakanal, placés dans la section de morale de la deuxième classe. Mais beaucoup d'autres, presque tous ceux de la première classe, correspondant à l'Académie des sciences, et la plupart des membres de la troisième, celle de littérature et beaux-arts, rentraient dans leur maison. David appartenait à la fois aux deux catégories. Il lui était réservé de passer par d'autres transformations.

La Révolution crut nécessaire aussi d'allouer, aux

membres de l'Institut, une indemnité à l'occasion de leur travail, suivant les traditions de la royauté. Villiers, dans un long rapport au conseil des Cinq-Cents, faisait de grands efforts pour justifier l'allocation d'une somme annuelle de 1,500 livres.

« Laissons aux Académies des Rois tout ce qui les dégrade, sans mépriser les usages qui y entretiennent l'émulation et qui font leur renommée. Rejetons des anciennes institutions tout ce qu'elles avaient de défectueux, mais sanctifions par l'amour de la liberté tout ce que les tyrans ont fait par haine contre elle, et consolidons un établissement dont l'organisation nous donne les plus belles espérances : l'égalité qui en est le fondement, et son indépendance absolue du pouvoir exécutif le préservent de toute influence, sans que cette indépendance puisse donner des inquiétudes.

« Il serait dangereux de lui accorder de trop grands avantages pécuniaires ; mais, en ne lui donnant que ce qu'il faut pour le soutenir, vous en éloignez les abus, et vous assurez son existence.

« Vouloir priver ses membres de toute rétribution, ce serait leur dire de chercher ailleurs ce que le travail et l'étude doivent procurer à tous les hommes ; ce serait donner aux riches le privilège exclusif de la science, comme ils l'avaient dans le dix-septième siècle, avant la création des Académies : elle leur était réservée alors, comme aujourd'hui l'ignorance, parce qu'il n'existait pour le peuple aucun moyen de s'éclairer et de s'instruire. »

Le projet de loi, malgré ces arguments si puissants,

faillit être ajourné par le conseil des Cinq-Cents. L'habileté de Pastoret, de Boissy d'Anglas, de Cambacérès et de Camus ne fut pas de trop pour le sauver. La loi du 29 messidor an IV (17 juillet 1796) accorda l'indemnité de 1,500 livres.

Il ne nous reste plus qu'à donner la parole à Chaptal, pour exposer les critiques que l'organisation de l'Institut soulevait en l'an XI et les motifs des réformes accomplies à cette époque. Le rapport de Chaptal, qui figure parmi les pièces intéressantes du musée des Archives nationales, n'a pas été inséré au *Moniteur*, avec l'arrêté du 3 pluviôse an XI (23 janvier 1803). Cela tient à ce que plusieurs des propositions qu'il présentait, et qui avaient été agréées par les consuls dans un premier examen, n'ont pas été approuvées par le Conseil d'État et ont disparu du texte définitif. Mais en réalité, sauf les mots et sauf quelques détails, comme le rétablissement des membres libres qui a été repoussé alors et a été ajourné jusqu'en 1816, le fond des idées est le même dans le rapport de Chaptal et dans l'arrêté consulaire.

Le projet primitif, qu'on peut voir aux archives du Conseil d'État, reconstituées après l'incendie criminel de 1871, composait l'Institut de quatre classes, qui devaient porter le nom d'Académies, savoir : l'Académie des sciences, l'Académie française, l'Académie des belles-lettres, l'Académie des beaux-arts. Le Conseil d'État a substitué à ces dénominations, qui ont sans doute paru réveiller trop tôt les souvenirs du passé, les noms de classes des sciences physiques et mathématiques, — de

la langue et de la littérature françaises, — d'histoire et
de littérature ancienne, — et des beaux-arts. Mais il a,
comme Chaptal, formé des cadres nouveaux, qui reprodui-
saient les cadres des compagnies antérieures à 1789; il
a, comme lui, fait disparaître la classe des sciences morales
et politiques, par le motif ou sous le prétexte qu'elle ne
figurait pas dans les cadres de l'ancien régime; il a,
comme lui, supprimé les sections dans la classe de la
langue et de la littérature françaises et dans la classe d'histoire et de littérature ancienne, ce qui était le régime
propre de l'Académie française et de l'Académie des
inscriptions et belles-lettres; il a, comme lui, donné aux
quatre classes une existence distincte au point de vue de
leurs élections et de la marche de leurs travaux, tout en
maintenant l'unité de l'Institut; il a, comme lui, rétabli les
secrétaires perpétuels.

Voici comment Chaptal justifiait ces réformes :

« Pour connaître les vices de l'organisation de l'Institut, nous avons comparé ses classes aux anciennes Académies dont la France s'honorait depuis plus d'un siècle
et qui étaient devenues le modèle des institutions savantes
et littéraires formées successivement dans tous les États de
l'Europe.

« Malgré l'imposant assemblage de toutes les connaissances humaines dans l'Institut, nous y avons reconnu des
associations forcées entre des sciences presque étrangères
l'une à l'autre, des divisions de classes en sections trop
multipliées, souvent incohérentes, quelquefois presque
ridiculement accolées malgré leur opposition, les re-

cherches lentes et sévères sur l'antiquité, rapprochées des
élans de l'imagination des poètes et des peintres, l'histoire
séparée des antiquités et des langues anciennes, qui en
sont tout à la fois les matériaux ou les seuls instruments;
la morale réunie à la géographie, celle-ci séparée de
l'astronomie; l'éloquence oubliée, les langues anciennes
tenant la place des belles-lettres. Ces oublis, ces disparates, ces incohérences nous ont paru avoir une dangereuse
influence sur le sort des lettres, altérer ou dénaturer les
leçons de nos grands écrivains, tarir les sources de la véritable érudition, déplacer les arbitres et détruire les autorités du bon goût, abandonner à des hommes médiocres le
sceptre de la littérature dont ils abusent si étrangement,
égarer enfin la jeunesse et les étrangers qui cherchent en
vain les traces de l'ancienne route.

« A ces premiers défauts se joignent encore dans l'Institut, et sous l'apparence d'une alliance illusoire entre ses
diverses parties, le vice des élections faites en commun
pour des places dont un petit nombre seul peut apprécier
les compétiteurs; le vice plus intolérable encore d'une
association d'acteurs et de comédiens placés à côté des
physiciens, des géomètres, des magistrats, des poètes, des
auteurs dramatiques qu'ils vont juger pour le fauteuil académique, comme ils les ont déjà jugés au foyer de leurs
théâtres. De pareils écarts n'avaient point lieu dans les
anciennes Académies.

« Les vices de l'Institut tiennent donc principalement
aux différences qui l'éloignent du régime académique.

« Il faut donc y introduire ce que celui-ci avait de bon,

ce qu'une durée et l'expérience de cent années y avaient perfectionné et consolidé.

« Telle a été la base d'où nous sommes partis pour proposer quelques modifications dans l'Institut. Nous en avons respecté l'unité qui en fait la force et qui en constitue l'essence, mais nous y avons corrigé la trop grande dépendance dans laquelle les classes languissaient réciproquement. En conservant le lien qui y réunit les sciences, les lettres et les arts, nous avons distingué et séparé la carrière que les unes et les autres doivent parcourir avec liberté.

« Au lieu des trois classes anciennes de l'Institut, nous proposons de le partager en quatre Académies, et en reprenant cette illustre dénomination, nous avons rétabli pour chacune d'elles le titre qui les distinguait et auquel était attaché plus d'un siècle de gloire. L'Institut sera composé de l'Académie des sciences, de l'Académie des belles-lettres, de l'Académie française et de l'Académie des beaux-arts. »

Chaptal voyait dans cette combinaison l'avantage de réconcilier le présent et le passé en réunissant le personnel de l'Institut à celui des anciennes Académies.

Deux passages de son rapport méritent encore d'être cités :

« L'Académie française, sur le modèle de celle de Louis XIV, sera composée de quarante membres et n'aura pas de classes. Le nombre des orateurs, des poètes, des hommes de goût qui doivent la composer ne pourrait être déterminé sans violer la marche de la nature et choquer même le bon sens. »

Et plus loin : « Les quatre Académies auront des secré-

taires perpétuels. Le rétablissement de ces places fera
renaître une branche d'éloquence très négligée depuis
dix ans et donnera aux travaux académiques cet esprit de
suite, cet enchaînement de faits et de pensées qui seuls
peuvent fixer l'époque des découvertes et tracer avec exac-
titude l'histoire des connaissances humaines. »

S'il était utile d'entrer dans de plus grands détails, nous
pourrions montrer tout ce que les règlements des quatre
classes établies en l'an XI ont emprunté aux règlements
antérieurs à 1789, et comment les travaux commencés
avant 1789 ont été continués par les savants qui les
avaient entrepris alors et par leurs nouveaux collabora-
teurs.

On voit qu'il restait peu de chose à faire à l'ordonnance
du 21 mars 1816 pour réconcilier le présent et le passé. Si
la Restauration l'a fait en maintenant l'unité de l'Institut,
sauf à reprendre les anciennes dénominations des académies, « afin de rattacher leur gloire passée à celle qu'elles
ont acquise » dans la nouvelle organisation, elle ne s'y est
malheureusement pas cru obligée pour la composition du
personnel. La Convention n'était pas seule à lui donner un
mauvais exemple. Le Directoire en avait donné un autre
en invitant l'Institut à remplacer Carnot, Barthélemy, Pastoret, Sicard et Fontanes, condamnés à la déportation par
les lois du 19 et du 22 fructidor an V[1]. Napoléon n'avait
pas suivi cet exemple. Lorsqu'il a réorganisé l'Institut, en

[1] Les hommes politiques et les journalistes frappés par le coup d'État de
fructidor an V et remplacés à l'Institut en l'an VI, malgré les protestations
de Delisle de Sales, sont rentrés à l'Institut, sauf Barthélemy, qui n'était

l'an XI, il n'avait pas distingué entre ceux de ses confrères qui le servaient fidèlement et ceux dont l'opposition énergique lui avait créé des difficultés et dont les idées l'inquiétaient. Il avait replacé dans les nouvelles classes tous les membres qui appartenaient aux classes de l'an III, même les idéologues. Il avait fait plus ; il avait augmenté le nombre des membres de l'Institut pour pouvoir y faire rentrer un plus grand nombre des membres des anciennes Académies. Le gouvernement de la Restauration, aggravant les conséquences de la loi du 12 janvier 1816, exclut onze membres de l'Académie française, cinq membres de l'Académie des inscriptions et belles-lettres, un de l'Académie des sciences, deux de l'Académie des beaux-arts. Lakanal, Grégoire et David étaient au nombre des exclus. Se sont-ils souvenus alors de la destruction des anciennes Académies ?

L'ordonnance de 1816 laissait subsister la suppression de la classe des sciences morales et politiques. La fusion de l'œuvre de Louis XIII et de Louis XIV avec celle de la Convention n'a été complétée que par l'ordonnance royale du 26 octobre 1832, rendue sur la proposition de M. Guizot, qui a rétabli l'Académie des sciences morales et politiques.

« Les motifs de cette proposition, disait M. Guizot dans son rapport au Roi, sont puisés dans les principes mêmes du gouvernement de Votre Majesté, de ce gouvernement qui s'appuie sur la raison, et qui veut donner à toutes ses

---

qu'associé, soit par des élections nouvelles, soit par les nominations faites dans la réorganisation de l'an XI.

C'est Bonaparte qui avait succédé à Carnot en l'an VI.

créations les caractères de l'esprit du siècle et du génie national.

« Les sciences morales et politiques ont exercé de tout temps un grand attrait sur les esprits et une grande influence sur les peuples.

« Mais à aucune époque, chez aucune nation, elles ne sont parvenues au degré d'importance, de publicité, d'autorité que, de nos jours, elles ont atteint dans notre pays. Elles influent directement parmi nous sur le sort de la société, elles modifient rapidement et les lois et les mœurs. On peut dire que, depuis un demi-siècle, elles ont joué un rôle dans notre histoire.

« C'est qu'elles ont acquis pour la première fois ce qui leur avait toujours manqué, un caractère vraiment scientifique. On s'est efforcé de les appuyer sur des données certaines, de les rendre rigoureuses et positives : elles sont devenues ainsi plus applicables; leur utilité plus manifeste a été plus réelle. La société tout entière a reconnu leur empire.

« Le gouvernement de 1796 se conformait donc à l'esprit de notre époque, lorsqu'il essayait de leur consacrer une institution spéciale, et de les constituer en un corps savant destiné à les cultiver en commun, à en propager hors de son sein l'étude et le développement.....

« La Révolution de Juillet doit rendre aux sciences morales et politiques la place et les hommages qui leur sont dus..... L'Institut royal de France rentrera ainsi dans la plénitude des droits qui lui furent attribués à l'époque de sa création. »

Nous avons achevé notre tâche. Nous ne songions qu'à exposer des faits dignes d'intérêt sans chercher à soutenir une thèse. Mais on peut, ce nous semble, dégager une conclusion du rapprochement de cette série de faits qui montrent la réalisation persistante d'une même idée sous les régimes politiques les plus différents. L'empressement avec lequel la Convention elle-même a rétabli ce qu'elle venait de détruire ne suffit-il pas pour prouver que la démocratie a besoin de l'aristocratie de l'intelligence, et qu'elle le sait?

PARIS. TYPOGRAPHIE DE E. PLON, NOURRIT ET Cᶦᵉ, RUE GARANCIÈRE, 8.

www.ingramcontent.com/pod-product-compliance
Lightning Source LLC
LaVergne TN
LVHW022037080426
835513LV00009B/1103